Blyton · Kinderhaus Band 3

Enid Blyton

Kinderhaus

Unsere Freunde im Zoo

Originaltitel: A visit to the zoo
Originalverlag: W. & A. K. Johnstons & G. W. Bacon Ltd., Edinburgh
u. London

Gesamtherstellung Mohndruck Graphische Betriebe GmbH, Gütersloh
ISBN 3-570-08104-4 · Printed in Germany

1. Das Wüstenschiff

Zu Dicks Geburtstag schien die Sonne. Onkel Harry, der zu Besuch gekommen war, hatte ihm als Geburtstagsgeschenk eine funkelnagelneue Schillingmünze mitgebracht.

»Und außerdem«, sagte Onkel Harry zu Dick, »bin ich gerne bereit, dir an deinem Geburtstag noch einen zusätzlichen Wunsch zu erfüllen.«

»Au fein«, rief Dick begeistert. »Dann laß uns in den Zoo gehen.«

Und so zogen sie los. Da Dick in London wohnte, brauchten sie bloß in einen der großen roten Doppeldeckerbusse zu klettern, der sie in zwanzig Minuten bis vor das riesige Eingangstor des Zoos brachte.

Als Onkel Harry die Eintrittskarten gelöst hatte und sie durch das Drehkreuz gegangen waren, strahlte Dick über das ganze Gesicht. Was gab es nicht alles zu sehen und zu hören. Löwengebrüll, Vogelkreischen, Wolfsgeheul und Bärengebrumm.

»Was schauen wir uns zuerst an, Onkel Harry?« fragte Dick.

»Ich werde dir ein Schiff zeigen«, sagte Onkel Harry und lachte dabei.

»Ein Schiff?« fragte Dick völlig verwundert.

»Ja, ein ganz besonderes Schiff, mit dem man sogar durch den Zoo reiten kann.« Onkel Harry nahm Dick bei der Hand, und gemeinsam gingen sie einen weißgeschotterten Weg entlang. Als sie um eine Ecke bogen, stießen sie auf ein weitläufiges Freigehege mit einem großen braunen Kamel, das sie mit Stolz in den Augen musterte.

»Da hast du nun mein Schiff«, sagte Onkel Harry. »Das Kamel wird nämlich Schiff der Wüste genannt.«

»Was für ein seltsamer Name!« sagte Dick. »Wo stammt der eigentlich her?«

»Du weißt ja, was die Wüste ist, ein riesiges Sandmeer, in dem so gut wie nichts wächst. Außer an einigen wenigen grünen Flecken, den Oasen, gibt es kein Gras, keine Bäume und kein Trinkwasser. Und nur ein einziges Tier schafft es, gefahrlos die großen Entfernungen zu überwinden — das Kamel. Deshalb nennen es die Leute das Wüstenschiff, weil es sich so ruhig und sicher durch die Sanddünen fortbewegen kann wie ein Schiff über die Meereswogen.«

»Ein treffender Name«, gestand Dick ein. »Findest du es nicht auch komisch, Onkel Harry, daß das Kamel einen solchen Höcker hat? Macht es ihm denn nichts aus, den immer mitzuschleppen?«

»Natürlich nicht! Das ist ja seine Vorratskammer!«

»Seine Vorratskammer! Wozu braucht denn das Kamel eine solche Vorratskammer?« fragte Dick überrascht.

»Nun, manchmal muß das Kamel auf seinen Wüstenreisen viele Tage ohne Nahrung auskommen. Deshalb frißt das Kamel, bevor es in die Wüste aufbricht, auf Vorrat und speichert Fett in seinem Höcker. Damit ist es für den wochenlangen Wüstenmarsch gewappnet, bei dem es allenfalls mal eine Handvoll Datteln bekommt oder an einem Dornenbusch herumknabbern kann.«

»Und das Fett im Höcker ernährt dann das Kamel, bis es wieder richtiges Futter bekommt!« riet Dick.

»So ist es«, sagte Onkel Harry. »Nach und nach wandert das Fett aus dem Höcker in den ganzen Körper und versorgt ihn mit Nahrung. Und am Ende einer langen Wüstenreise, wenn der gesamte Vorrat zur Neige gegangen ist, ist aus dem festen Höcker nichts als eine locker hängende Hauttasche geworden. Nun muß sich das Kamel erst wieder einen Höcker anfressen, bevor es erneut als Lastträger in die Wüste geschickt werden kann. Ist das nicht eine äußerst praktische Einrichtung, Dick?«

»Das ist ganz einfach toll, Onkel Harry! Doch wie steht es mit dem Wasser? Kann das Kamel auch Wasser speichern?«

»Oh, ja«, erwiderte Onkel Harry. »In seinem

Körper besitzt das Kamel bestimmte Zellen, die größere Mengen Wasser aufnehmen können. Wenn man so will, besitzt das Kamel sowohl eine Vorratskammer als auch einen Wassertank! Ein glückliches Tier!«

»Mir würde es überhaupt nicht gefallen, endlos durch den lockeren Sand zu marschieren«, sagte Dick. »Einmal bin ich an der See ein großes Stück am weichen Sandstrand entlanggegangen, und das war fürchterlich anstrengend, weil meine Füße ständig einsanken. Ich könnte mir vorstellen, daß auch das Kamel immer sehr müde wird.«

»Das ist nicht der Fall«, erläuterte Onkel Harry. »Das hat nämlich eigens für das Gehen im Sand ausgeformte Füße. Schau nur einmal genau hin, Dick.«

Dick betrachtete die großen Spreizfüße des Kamels. An jedem Fuß saßen zwei mächtige Zehen, welche miteinander durch eine Sohle verbunden waren, die zäh wie Leder aussah. Mit diesen Füßen konnte das Kamel natürlich nicht in den Sand einsinken.

»In einem Kamel scheinen wirklich ganz viele gute Ideen verwirklicht zu sein«, meinte Dick. »Aber es scheint darüber nicht sonderlich erfreut zu sein. Ich finde, es sieht mürrisch aus.«

»Du hast recht, es ist ein mißmutiger Zeitgenosse«, sagte Onkel Harry und lachte. »Wenn es beladen wird, paßt es ihm nicht. Und ist es nicht beladen, ist es deswegen auch nicht zufrieden. Außerdem mag das Kamel auch nicht gerne niederknien, es murrt dann und beißt bisweilen sogar um sich!«

»Wieso hat eigentlich dieses Kamel hier nur einen Höcker, während das andere dort drüben zwei hat, Onkel Harry?«

»Das hängt mit der Herkunft zusammen«, erklärte der Onkel. »Das einhöckerige Kamel, das Dromedar, stammt aus dem arabischen und nordafrikanischen Raum, während das zweihöckerige Kamel, das Trampeltier, in Mittelasien zu Hause ist. Das Trampeltier ist zudem massiger und stärker behaart als das Dromedar. — Nun, Dick, wie wär's mit einem Ritt auf dem Schiff der Wüste? Dort vorne kommt nämlich gerade ein Kamel mit seinem Wärter von einer Besucherrunde zurück.«

Und so kam Dick zu seinem Kamelritt. Es war ein lustiges Gefühl, als das Trampeltier im Paßgang einhertrottete und der Kamelrücken bei jedem Schritt von einer Seite auf die andere schwankte. Dick kam sich wirklich so vor, als befände er sich auf einem Schiff auf rauher See.

2. Die Zugtiere des Weihnachtsmannes

»Welchen Zoobewohnern sollen wir als nächsten einen Besuch abstatten?« fragte Onkel Harry Dick.

»Den Rentieren«, erwiderte Dick, ohne auch nur einen Augenblick zu zögern. »Ich kenne sie bisher nur von Abbildungen auf Weihnachtspostkarten. Da ziehen sie immer den Schlitten des Weihnachtsmannes. Mit ihren mächtigen Geweihschaufeln haben sie mir da sehr gut gefallen, und ich möchte sie schrecklich gerne mal lebendig sehen.«

Onkel Harry fragte einen der Wärter nach dem Weg zum Rentiergehege. Es dauerte nicht lange, bis sie es gefunden hatten und den riesigen Geweihen gegenüberstanden.

»Die Rentiere sind ja viel, viel größer, als ich gedacht habe«, sagte Dick überrascht. »Und dann diese gewaltigen Geweihe! Onkel Harry, wo leben eigentlich die Rentiere?«

»Im hohen Norden. Für die Lappen, Finnen und Sibirier sind es sehr nützliche Tiere, sie züchten und halten sie in gewisser Weise wie Haustiere. Sie spannen die Rentiere auch vor ihre Schlitten.«

»Dann hat also der Weihnachtsmann seinen Wohnsitz im hohen Norden, weil er es ebenso macht«, folgerte Dick. »Aber sag mal, Onkel Harry, was fressen die Rentiere im Winter, wenn überall hoher Schnee liegt?«

»Dann haben die Rentiere es schwer, überhaupt Nahrung zu finden. Und doch gibt es sie. Unter der dicken Schneedecke wächst nämlich eine ungewöhnliche kleine Pflanze, das Rentiermoos. Die Rentiere wittern es. Sobald sie welches entdeckt haben, fangen sie an, mit ihren Hufen Schnee und Eis wegzuscharren, um an das Rentiermoos zu kommen. Im Sommer hingegen haben es die Rentiere viel leichter, da gibt es Nahrung in Hülle und Fülle für sie.«

»Brauchen diese herrlichen Geweihe schrecklich viele Jahre, um zu voller Größe zu wachsen?« wollte Dick nun wissen und streichelte dabei die weiche rosa Nase eines Rentieres, das seinen Kopf zutraulich gegen die Umzäunung des Geheges drückte.

»Nein«, sagte Onkel Harry, »das dauert nur zwei oder drei Monate und wiederholt sich in jedem Jahr.«

Dick war darüber völlig überrascht. Er schaute Onkel Harry prüfend an, um herauszufinden, ob dieser ihn auf den Arm nehmen wollte. Doch das war nicht der Fall.

»Du kannst mir das ruhig glauben, Dick«, meinte Onkel Harry und lächelte Dick dabei an.

»Erzähl mir doch, wie das vor sich geht«, bat Dick. »Das klingt ja beinahe wie Zauberei.«

»Ein bißchen ist es das auch«, räumte Onkel Harry ein. »Doch ich kann dir ganz genau berichten, wie sich das alles abspielt, weil ich einmal lange Zeit auf einer Rentierfarm verbracht habe. Dort gab es ein junges zahmes Ren, dem gerade

das Geweih wuchs und das mich beinahe täglich besuchte. So konnte ich das Ganze ausführlich beobachten.«

»Und was geschah als erstes?« fragte Dick.

»Eines Tages, in der Zeit zwischen Ende Dezember und Januar, warf es seine beiden Geweihstangen ab. Ich habe sie unter einem Baum gefunden und bis heute bei mir zu Hause aufbewahrt. Als ich das junge Ren das nächstemal wiedersah, wirkte es ohne seine Geweihe ganz absonderlich. Zahm, wie es war, kam das Ren zu mir, und ich konnte die Stellen betasten, an denen das alte Geweih gesessen hatte. Dort waren nur zwei rötliche runde Vorsprünge, die sich ganz heiß anfühlten.«

»Ließ sich denn das Tier so ohne weiteres von dir betasten?« erkundigte Dick sich verwundert.

»Aber ja«, sagte Onkel Harry, »schließlich kannte es mich gut und war außerdem zahm. Doch normalerweise ziehen sich die Rentiere in Verstecke zurück, wenn sie ihr Geweih abgeworfen haben, weil sie wissen, daß sie ohne diese Waffen schutzlos sind. Bei dem jungen Ren vergrößerten sich dann zusehends die rötlichen Sprossen und bekamen einen filzigen Haarüberzug, den sogenannten Bast. Und als sie ständig weiterwuchsen, entwickelten sich die neuen Geweihstangen und verzweigten sich schließlich und bildeten die schönen schaufelförmigen Enden.«

»Wie wundervoll«, meinte Dick. »Wuchs das neue Geweih schnell heran?«

»Ja«, sagte Onkel Harry. »Zu Anfang war das Geweih noch mit jenem Bast überzogen, doch dann sah ich, wie das junge Ren ihn an einem Baumstamm abscheuerte. Und als sein neues

Geweih sich voll entwickelt hatte, war das Tier richtig stolz und glücklich.«

»Schau nur, Onkel Harry«, rief Dick, »jetzt läuft das Rentier, welches uns die ganze Zeit über angehört hat, auf und davon. Das kann aber vielleicht schnell rennen!«

Mit einem Male ertönten in einiger Entfernung laute, merkwürdige Geräusche, von denen Dick nicht wußte, woher sie stammten.

»Das ist das Gebell der Seelöwen«, klärte Onkel Harry ihn auf. »Vielleicht ist gerade Fütterung. Komm, das wollen wir uns ansehen.«

3. Das Wasser ist ihr Element

Als Onkel Harry und Dick gemeinsam zum Becken der Seelöwen gingen, schallte ihnen schon von weitem ein ständiges »Aark! Aark, aark, aark!« entgegen.

»Das klingt wie das Gebell aufgeregter großer Hunde«, stellte Dick fest.

Sie erreichten das Seelöwen-Becken, und Dick war ganz erstaunt über dessen Ausmaße. »Das ist aber ein riesiges Becken!« entfuhr es Dick.

Das war es in der Tat. Eine eiserne Brüstung lief um das gesamte Bassin herum, aus dem hie und da Felsen emporragten. Das grünblaue Wasser war tief, so daß die Seelöwen nach Herzenslust darin herumschwimmen und toben konnten.

Doch als Dick den ersten Seelöwen erblickte, war er schrecklich enttäuscht. »Onkel Harry, die Seelöwen sehen ja überhaupt nicht wie Löwen aus!«

»Das tun sie wirklich nicht«, bestätigte Onkel Harry, »und ich finde auch die Bezeichnung Seelöwe ziemlich unpassend, zumal sie auch weit mehr den Seehunden ähneln, findest du nicht auch? Vielleicht haben sie deshalb auch noch einen zweiten Namen: Bärenrobben. — Schau, Dick, jetzt kommt der Wärter mit dem Futter.«

Als der Wärter die Tür aufgeschlossen hatte, die in die Anlage führte, fingen die Tiere sogleich wieder mit ihrem heiseren Gebell an. »Aark, aark, aark, aark!« Der Pfleger lächelte, griff mit der Hand in seinen großen Eimer und zog einen Fisch heraus. Zielsicher warf er ihn einem großen Seelöwen zu, der sich auf einem Felsen auf seiner Schwanzflosse aufrecht hingesetzt hatte.

Schwupp! Mit artistischem Geschick fing der Seelöwe den Fisch, schluckte ihn herunter und schrie sofort nach einem weiteren. Doch der Wär-

ter bedachte nun einen anderen mit Futter. Dann warf er eine ganze Handvoll Fische auf einmal ins Becken, und Dick mußte lachen, als sämtliche Seelöwen zugleich ins Wasser sprangen und um die Wette auf die Fische losjagten, daß es nur so nach allen Seiten spritzte.

»Das ist ganz einfach toll, wie die Seelöwen schwimmen und tauchen können«, staunte Dick. »Und auf dem Trockenen sind sie ungemein flink. Onkel Harry, wo liegt eigentlich ihre Heimat?«

»Diese Seelöwen stammen von der Südspitze Südamerikas. Es sind gescheite, lustige Tiere, die im Wasser zu beobachten ein Genuß ist. Dick, ist dir auch ihr wunderschönes glänzendes Fell aufgefallen? Ich finde, von den Köpfen her sehen sie wirklich wie Hunde aus, nur daß sie eben vier flossenartig verbreiterte Füße haben.«

»Mit denen sie aber auch an Land sehr gut zu Fuß sind«, bemerkte Dick, der einen Seelöwen beobachtete, der geschwind über einen Felsen robbte. »Wo stecken denn eigentlich die Seehunde, Onkel Harry?«

»Schau, da hinten auf dem Felsen liegt einer! Und dort, glaube ich, tummelt sich noch einer unter Wasser. Komm, wir gehen auf die andere Seite hinüber, damit wir den Seehund auf dem Felsen aus der Nähe betrachten können.«

Gemeinsam gingen sie um das Seelöwenbecken herum und schauten sich den Seehund ganz genau an, der auf dem Felsen ruhte. Er besaß einen geschmeidigen, glatten Körper, der zum Gleiten durch das Wasser geschaffen war. Der Seehund drehte seinen Kopf und blickte Dick an.

»Schau nur, Onkel Harry, was für wunderschöne Augen er hat«, rief Dick begeistert. »Ich mag sie, sie gefallen mir, und auch sein hübscher kleiner Kopf.« Der Seehund glitt ins Wasser und zeigte seine Schwimm- und Tauchkünste.

»Soviel ich weiß, Onkel Harry«, sagte Dick, »werden die Seehunde von den Eskimos gejagt und leben in ganz kalten Gewässern. Wieso aber frieren die Seehunde nicht in dem eiskalten Wasser? Mich schüttelt es bei dem Gedanken, bei solchen Temperaturen baden zu müssen.«

»Du kannst sicher sein, Dick, daß die Natur entsprechende Vorkehrungen getroffen hat, damit die Seehunde nicht frieren müssen. So besitzen die Seehunde etwa gleich zwei Pelzmäntel, die immer gut eingeölt bleiben. Wenn man so will, dann stekken die Seehunde ständig in einer schönen warmen Öljacke.«

»Und wo bekommen die Seehunde das Öl her?« wollte Dick wissen.

»Aus ihrem eigenen Körper. In ihrer Haut befinden sich Tausende kleiner Öffnungen, Poren, die

die Ausgänge winziger Öldrüsen bilden und ständig Öl ausscheiden, so daß das Fell immer nachgefettet wird und kein Wasser direkt an den Körper des Seehundes herankommt.«

»Du sprachst vorhin von den zwei Pelzmänteln der Seehunde, Onkel Harry. Wieso zwei?«

»Seehunde haben tatsächlich zwei Pelzmäntel. Den ersten bildet das körpernahe und ganz weiche Fell. Darüber befindet sich dann der zweite aus langen, dicken und borstigen Haaren. Zusätzlich zu den beiden Pelzmänteln und deren Öl hält eine dicke Speckschicht unter der Haut die Seehunde warm, damit sie sich nicht erkälten.«

Elegant schwamm nun der Seehund davon. Dick zupfte seinen Onkel Harry am Arm und deutete auf ein großes Gehege, das weiter entfernt lag. »Da sind die Affen, da möchte ich als nächstes hin.«

4. Die frechsten aller Zoobewohner

Onkel Harry hatte sich bereits gewundert, daß Dick nicht schon eher den Wunsch geäußert hatte, die Affenstation zu besichtigen. Nun machten sie sich also auf den Weg zum Affenhaus. An einem Stand kauften sie zwei Orangen und zwei Äpfel, die für die Affen gedacht waren.

»Den Affen hängen die ewigen Nüsse bestimmt schon zum Hals heraus«, meinte Onkel Harry. »Aber auf Orangenschnitze und Apfelstücke sind sie ganz versessen.«

»Oh!« sagte Dick beim Anblick der kleinen braunen Affen. »Sehen die nicht wie Menschen aus, Onkel Harry? Wie kleine, winzige, alte und verhutzelte Leute?«

»Eine gewisse Ähnlichkeit besteht schon«, räumte Onkel Harry ein. »Und doch gibt es eine Menge für den Menschen ganz einfache Dinge, die ein Affe nicht kann. Beispielsweise aufrecht stehen. Ein Affe vermag nicht einmal seine Füße flach auf den Boden aufzusetzen.«

»Wieso nicht?« fragte Dick verdutzt und schaute sogleich die Füße eines Affens genauer an.

»Nun verstehe ich, was du meinst, Onkel Harry. Der Affe hat ja gar keine richtigen Füße mit einer Fußsohle und einer Ferse. Seine Füße sind in Wirklichkeit ja wie Hände ausgebildet.«

»Richtig gesehen, Dick«, sagte Onkel Harry. »Und eben weil die Affen anstelle von Füßen Hände haben, sind sie auch so ausgezeichnete Kletterer und Turner. Mit ihren vier Händen können sie das viel besser als wir Menschen.«

»Woher kommen die Affen denn?« wollte Dick von Onkel Harry wissen und reichte gleichzeitig einem kleinen Affen einen Orangenschnitz durch die Gitterstäbe, den dieser sofort schnappte und mit Wonne auslutschte.

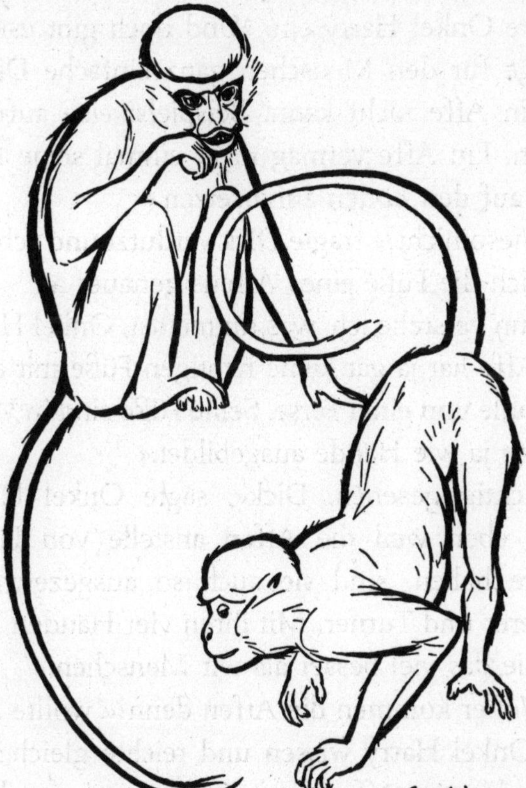

»Das Verbreitungsgebiet der Affen sind die Waldgebiete der wärmeren Zonen. Sie ernähren sich am liebsten von Früchten, verschmähen aber auch Blätter und Zweige nicht. Es sind sehr gesellige Tiere mit großem Mitteilungsbedürfnis, weshalb sie auch häufig in Gruppen zusammensitzen und schnattern.«

»Gibt es sehr viele Affenarten?« wollte Dick wissen, der einen winzigen Affen beobachtete, welcher sich gerade mit seinem Apfelstück davonmachte, weil ein größerer seiner Artgenossen anfing, sich gleichfalls für diesen Leckerbissen zu interessieren.

»In der Familie der Brüllaffen, Paviane, Stummelaffen, Kapuzineraffen, Gibbons, Klammerschwanzaffen und Menschenaffen gibt es so viele Arten, daß man sie gar nicht alle aufzählen kann.«

»Au, schau mal, Onkel Harry!« rief Dick begeistert und zeigte auf einen anderen Käfig, in dem sich ein Affe eine Papiertüte als Hut aufgesetzt hatte.

»Das ist ein Schimpanse«, sagte Onkel Harry.

»Schimpansen sind besonders kluge und gelehrige Tiere. Weil man ihnen alles mögliche beibringen kann, treten sie sogar im Zirkus auf. Es gibt welche, die können radfahren, manierlich von Tellern essen und aus Tassen rinken, sich an- und ausziehen und noch anderes mehr.«

Dick mußte unwillkürlich lachen, als er sich die Affen bei diesen Kunststückchen vorstellte.

»Die Schimpansenmännchen sind übrigens treusorgende Familienväter«, wußte Onkel Harry zu berichten. »In der Wildnis bauen sie für ihre Familie in einer Baumkrone richtig kunstvolle Nester, in denen nachts die Affenmütter mit ihren Kindern schlafen, während das Familienoberhaupt die Nacht auf einem tieferen Ast verbringt, um die Seinen zu bewachen.«

»Das ist aber ein braver Affe«, sagte Dick. Plötzlich schrie er erschrocken auf. »Schnell, Onkel Harry! Der Schimpanse hat meine Mütze geklaut!«

Onkel Harry konnte sich das Lachen nicht verbeißen. Dick war so unvorsichtig gewesen, zu nahe an den Käfig heranzutreten, weil er alles aus näch-

ster Nähe sehen wollte. Dabei war er in die Reichweite eines vorwitzigen Schimpansen geraten. Ehe Dick sich recht versah, hatte der Schimpanse seinen Arm durch das Gitter gestreckt, dem Jungen die Mütze vom Kopf stibitzt und sich selbst aufgesetzt.

Um Dicks Mütze zurückzubekommen, mußte Onkel Harry den Wärter der Affenstation verständigen, der dann die Käfigtür aufsperrte, hineinging und dem Schimpansen seine Beute wieder abnahm: Schimpansen sind wohl nicht nur brave Familienväter, sondern auch ausgemachte Frechdachse.

Und dann passierte noch etwas Lustiges. Onkel Harry sah sich einen kleinen Pinselohraffen an, der zu schlafen schien, doch dem war nicht so. Denn mit einemmal streckte der freche kleine Kerl seine Hand durch den Maschendrahtzaun und zog Onkel Harrys Krawatte auf.

Nun war Dick an der Reihe zu lachen. »Ich glaube, die Affen sind mit Abstand die frechsten Zoobewohner«, sagte er. Und damit hatte Dick zweifellos recht.

5. Der Riese unter den Tieren

»Ui«, rief Dick begeistert, als er die beiden riesigen Elefanten sah, mit denen Kinder und Zoobesucher einen Spazierritt durch den Tierpark unternehmen konnten. »Onkel Harry, ich will auch unbedingt auf dem Elefanten mitreiten«, sagte Dick. »Doch weil du heute schon so viel Geld für mich ausgegeben hast, möchte ich nicht, daß du auch das noch bezahlst. Deshalb werde ich den funkelnagelneuen Schilling dafür nehmen, den du mir geschenkt hast.«

»Einverstanden«, sagte Onkel Harry. »Doch zunächst werden wir uns anstellen und warten müssen, bis wir an der Reihe sind. Dort drüben an dem Platz, wo die große Trittleiter steht. Ein Elefant ist nämlich so groß, daß eine Leiter notwendig ist, um auf seinen Rücken hinaufzukommen.«

»Hast du Lust, mich auf dem Elefantenritt zu begleiten, Onkel Harry?« fragte Dick. »Mein Geld reicht bestimmt für uns beide.« — »Aber gerne«, erwiderte Onkel Harry. »Dann saus mal los und hol an dem Schalter dort drüben die Karten.«

Dann reihten sich Dick und Onkel Harry in die lange Kinderschlange vor der großen Trittleiter ein und warteten geduldig. »Ich finde es toll, Onkel Harry, daß solche Riesentiere so gutmütig sind, daß Kinder auf ihnen reiten dürfen. Sind denn alle Elefanten von Haus aus so zahm?«

»Nun, es gibt zwei Arten dieser in Herden lebenden Tiere. Die eine ist in den Urwäldern Indiens beheimatet, die andere ist in den Steppen Afrikas zu Hause. Der afrikanische Elefant ist noch mächtiger gebaut aus der indische und hat die größeren Ohren. Dafür ist er jedoch weder so gutmütig noch so leicht zu zähmen wie sein indischer Bruder. Die beiden Elefanten übrigens, die hier im Zoo Dienst als Reittiere tun, stammen natürlich aus Indien.«

»Wie werden denn Elefanten gezähmt, Onkel Harry?« wollte Dick wissen. »Ich möchte das nämlich nicht bei einem wilden Elefanten versuchen.«

Onkel Harry lachte. »Das ist auch besser so. Außerdem haben die Inder da viel mehr Erfahrung. Häufig werden die Elefanten jung eingefangen, und dann ist es nicht allzu schwer, sie abzurichten. Doch das ist auch noch mit ausgewachsenen Tieren möglich. Der wilde Elefant wird angebunden und mit einem zahmen Artgenossen zusammengebracht, der ihm im Lauf der Zeit beibringt, wie er seine Arbeit zu verrichten hat.«

»Was denn für eine Arbeit?« Dick war über die Tatsache verwundert, daß Elefanten als Arbeitstiere eingesetzt wurden.

»In Indien bewältigen Elefanten einen Großteil der Schwerarbeit. Sie transportieren beispielsweise Teakholzstämme ab und schichten sie zu einem sauberen Stapel auf. Dafür verwenden sie ihren Rüssel. Dann werden Elefanten auch als Reittiere eingesetzt und einige sogar bei der Tigerjagd.«

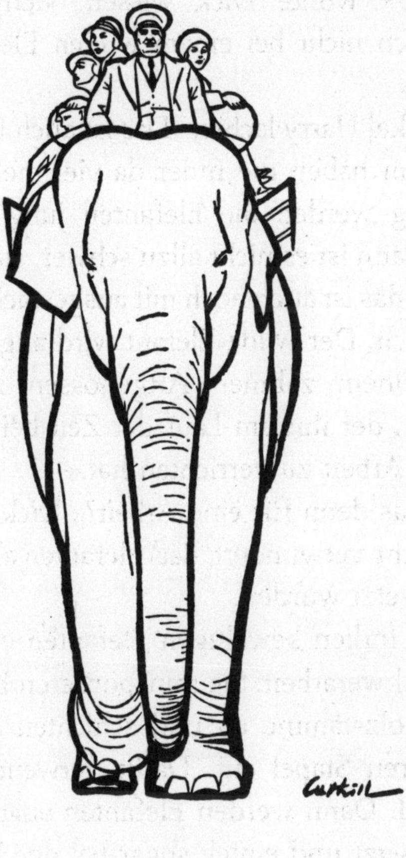

»Ein Elefantenrüssel ist also etwas Nützliches?« erkundigte sich Dick.

»Aber ja«, sagte Onkel Harry. »Er ist die Hand des Elefanten. Stell dir nur mal vor, wie das wäre, wenn du auf allen vieren gleichzeitig gehen müßtest und nichts hättest, womit du beispielsweise irgend etwas aufheben könntest. Dann wärst du auch froh, wenn du so einen geschickten Rüssel hättest, der so stark ist, daß er die Krone eines jungen Baumes herunterbiegen kann, und so feinfühlig, daß er sogar so einen kleinen Gegenstand wie eine Münze vom Boden aufheben kann.«

Mit hin- und herschwingendem Rüssel näherte sich einer der indischen Elefanten dem Ausgangspunkt der Spazierritte. Ein Tierparkbesucher reichte ihm einen halben Laib Brot, den der Elefant mit seinem Rüssel umschlang und dann in sein großes Maul steckte. Als eine Frau aus ihrer Geldbörse eine Münze zog und dem Elefanten hinstreckte, der sie mit der Spitze seines Rüssels behutsam nahm, wurde Dick richtig aufgeregt. »Hoffentlich frißt er sie nicht auch!«

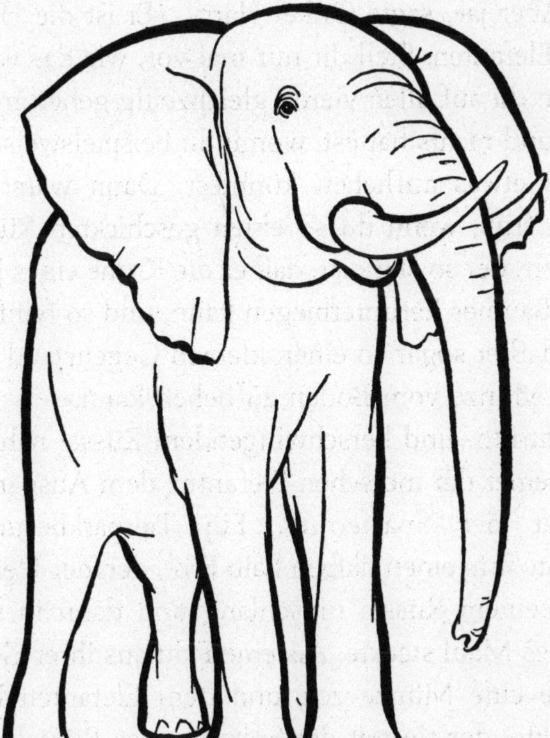

»Mit Sicherheit nicht«, sagte Onkel Harry. »Die wird er seinem Wärter zustecken. Paß auf!«

Onkel Harry behielt recht.

»Ein Elefant benützt seinen Rüssel außerdem auch zum Trinken und um sich selbst zu baden«, erzählte Onkel Harry weiter.

»Wie geht denn das?« wollte Dick wissen.

»Ganz einfach. Der Elefant saugt seinen Rüssel voll Wasser und spritzt es dann in sein Maul. Wenn es ihm nach einem erfrischenden Duschbad gelüstet, macht er es ebenso, nur daß er dann den Wasserstrahl über den Kopf hinweg auf seinen Rücken richtet.«

»Das ist aber praktisch«, meinte Dick, »das gefiele mir auch. Atmet und riecht der Elefant auch mit seinem Rüssel wie wir mit unserer Nase, Onkel Harry?« fragte Dick wißbegierig.

»Natürlich. Sein Rüssel ist sein kostbarstes Gut. Sobald ihm irgendeine Gefahr droht, biegt der Elefant ihn sofort nach oben und nach hinten, damit der Rüssel keinen Angriffspunkt abgibt.«

»Und ich habe immer geglaubt, seine Stoßzähne,

das Elfenbein, seien am wertvollsten«, bekannte Dick.

»Nur in den Augen der Menschen, nicht aber der Elefanten«, erklärte Onkel Harry. »Ein Elefant kann ohne weiteres ohne Stoßzähne leben, nicht aber ohne Rüssel. Die Stoßzähne dienen ihm nur als Waffe, aber er benützt sie auch, um junge Bäume auszureißen. Elefanten fressen und mögen aber auch Gräser und Blätter.«

»Da vorne kommt bereits der zweite Elefant, und diesmal sind bestimmt auch wir an der Reihe!« rief Dick ganz aufgeregt.

Im Schritt kam das mächtige Tier näher und hielt bei der Trittleiter. Nachdem die begeisterte Kinderschar, die es auf seinem Rücken transportiert hatte, wieder festen Boden unter den Füßen hatte, durften auch Dick und Onkel Harry zusammen mit den anderen auf dem Elefant Platz nehmen.

Von seinem Führer dirigiert, setzte sich der Elefant in Bewegung. Verglichen mit dem durch den Paßgang verursachten, schwankenden Ritt auf dem Kamel, war es auf dem Elefantenrücken wohltuend ruhig, wie Dick fand. Aus luftiger Höhe konnte er nun die zahlreichen Gehege ansehen, auch die Polarstation mit den Seelöwen und das Affenhaus, das sie schon besichtigt hatten.

Dick war vor Begeisterung fast ganz aus dem Häuschen.

»Hoffentlich hört dieser herrliche Ritt nie und nimmer auf!« sagte er zu Onkel Harry.

Doch alles Schöne findet einmal sein Ende, und bald mußte Dick über die Trittleiter wieder absteigen.

»Ich werde dem Elefanten eine Banane kaufen, Onkel Harry«, verkündete Dick spontan. »Er hat mir zum Abschied so nett mit dem Auge zugeblinzelt.«

Dick hatte nicht vergessen, daß Onkel Harry erzählt hatte, Elefanten liebten Früchte. Und so rannte er los und besorgte eine wunderschöne goldgelbe Banane. Die schälte er dann und wartete anschließend, bis der Elefant von seiner Runde wieder zurückkehrte.

Sobald der riesige Elefant die Banane in der hin-

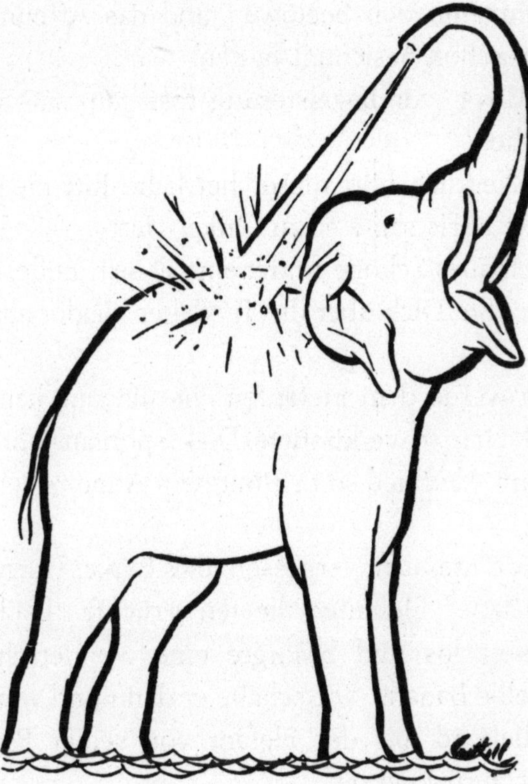

gehaltenen Hand des kleinen Jungen sah, streckte er seinen langen Rüssel aus und ergriff sacht die Banane. Der Elefant schien sich wirklich darüber zu freuen. Er steckte die Banane in sein Maul. Dann winkte er mit seinem Rüssel Dick zu. Das war seine Art und Weise, danke zu sagen.

6. *Große Sprünge mit kleinem Beutel*

»Was wollen wir uns als nächstes anschauen?« erkundigte sich Onkel Harry bei Dick, nachdem sie sich von dem Elefanten verabschiedet hatten.

»Hast du einen Vorschlag?« sagte Dick und sah seinen Onkel fragend an.

»Wie wäre es mit den Beutelspringern?« schlug Onkel Harry vor.

Dick stutzte einen Augenblick lang, dann lachte er. »Ach so, du meinst die Känguruhs. Haben die wirklich Beutel?«

»Die Känguruhmütter schon«, entgegnete Onkel Harry.

An einer Tafel mit Lageplan schauten sie sich den Weg zum Känguruhfreigehege an.

Als sie dort ankamen, meinte Dick: »Verglichen mit dem Elefant ist das Känguruh ja nicht gerade ein besonders großes Tier.«

»Und doch ist es das größte Tier desjenigen Landes, in dem es zu Hause ist«, erklärte Onkel Harry.

»Also kann es dort keine Elefanten geben«, stellte Dick sogleich fest. »Und auch keine Giraffen, keine Büffel und keine Flußpferde. Doch wo liegt dieses Land?«

»Auf der Europa entgegengesetzten Seite der Erdkugel«, sagte Onkel Harry. »Australien! Nirgendwo sonst auf der Welt gibt es Känguruhs.«

»Mir kommen sie wie riesige Hasen vor«, fand Dick, der die zwei Meter hohen Tiere beobachtete, wie sie über den Rasen hüpften.

»Doch im Unterschied zu Hasen können Känguruhs nicht auf allen vier Beinen laufen«, entgegnete Onkel Harry. »Die kleinen Vorderpfoten taugen nicht zum Rennen. Deshalb bewegen sie sich auch mit diesen gewaltigen Sätzen fort.«

»Das ist schon eine merkwürdige Art, sich fortzubewegen«, sagte Dick. »Schau dir nur einmal

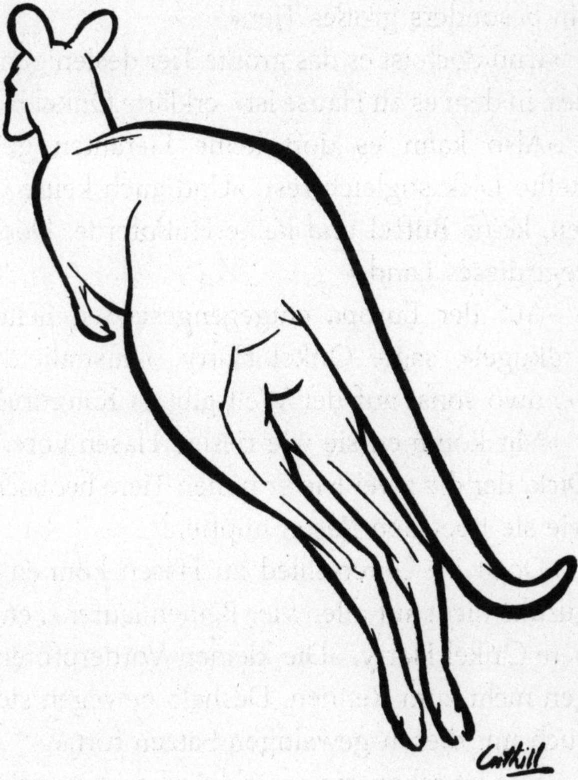

diesen Burschen da drüben an. Mir scheint es, als benutze er seinen Schwanz, um während der Sprünge das Gleichgewicht zu halten. Und der da vorne gebraucht ihn, um aufrecht sitzen zu können.«

»So wie der Elefant vorne einen äußerst vielseitig einsetzbaren Rüssel besitzt, hat eben das Känguruh hinten einen ungemein praktischen Schwanz«, erklärte Onkel Harry lachend. »Und die Känguruhmutter dort vor uns hat einen praktischen Brutbeutel an der Körperunterseite. Wenn du genau hinsiehst, Dick, kannst du das winzige Känguruhbaby erkennen, das aus dem Beutel herauslugt.«

Dick fand, daß das lustig aussah, wie das kleine Känguruh vorwitzig aus dem Beutel herausschaute. »Bleiben die Känguruhbabys in dem Beutel, bis sie groß sind, Onkel Harry?« wollte er nun wissen.

»Nein, nicht so lange«, sagte Onkel Harry. »Normalerweise sind es rund sieben Monate, dann sind die Jungen soweit, daß sie auf eigenen Füßen ste-

hen können. Bald sind sie dann nämlich zu groß für den Beutel.«

»Ich könnte mir denken«, meinte Dick, »daß ein Kleines, wenn es unartig gewesen ist, den Rest des Tages im Beutel verbringen muß — so wie wir Kinder, wenn wir etwas angestellt haben, zur Strafe früher ins Bett geschickt werden.«

»Das wäre denkbar«, antwortete Onkel Harry. »Auch in Fällen, wo Gefahr droht, springen sämtliche Känguruhmütter sogleich zu den spielenden Jungen, schnappen sie rasch, stopfen sie in die Beutel und flüchten mit großen Sätzen in Sicherheit.«

»Leben die Känguruhs auch in Herden wie die Elefanten?« fragte Dick.

»Das tun sie. Manchmal bilden sie nur kleine Gruppen, die aus rund einem Dutzend Tiere bestehen, doch gibt es auch große Herden mit über hundert Känguruhs. Wenn sie gejagt werden, dann schaffen es nur die allerschnellsten und kräftigsten Jagdhunde, die springenden Känguruhs einzuholen.«

»Ich habe den Eindruck, daß Känguruhs sich selbst nicht besonders gut verteidigen können«, meinte Dick. »Die Vorderbeine wirken nämlich ziemlich schwächlich.«

»Dafür sitzen aber an den großen Hinterbeinen ganz fürchterliche Klauen. Ein harter Tritt eines Känguruhs oder ein durch seine Krallen verursachter Riß reicht aus, um einen Jagdhund, der nicht aufgepaßt hat, zu töten.«

»Känguruhs sind also gefährlicher, als sie aussehen«, stellte Dick fest und fragte dann Onkel Harry: »Welchen Tieren statten wir nun anschließend einen Besuch ab?«

Onkel Harry blickte auf seine Armbanduhr. »Es ist schon recht spät geworden, Dick. Die Zeit reicht höchstens noch für eine weitere Tierart, bevor wir aufbrechen müssen. Was möchtest du denn zum Abschluß sehen?«

»Den Löwen!« sagte Dick sofort. »Er ist doch der König der Tiere, nicht wahr? Wir können unmöglich nach Hause gehen, ohne ihm vorher einen Besuch abgestattet zu haben.«

7. Der König der Tiere

»Löwen können ja schrecklich laut brüllen!« sagte Dick zu Onkel Harry, als sie zu dem Löwenhaus gingen.

»In der freien Wildbahn brüllen die Löwenmännchen noch viel lauter. Sie zeigen nämlich damit anderen Löwen an, daß das Jagdrevier von ihnen besetzt ist«, erklärte Onkel Harry, als sie das Löwenhaus betraten, wo die Löwen mit ihren mächtigen Halsmähnen und die mähnenlosen Löwinnen, die wie große Katzen aussahen, untergebracht waren.

»Die Löwin in dem Käfig schnurrt ja wie unsere Hauskatze«, sagte Dick erstaunt.

»Löwen gehören ja auch zur Familie der Großkatzen«, sagte Onkel Harry. »Sie haben scharfe

Krallen, die sie beim Gehen einziehen, damit die Spitzen nicht stumpf werden. Löwen können sich ebenso lautlos bewegen wie deine Katze, Dick. Und wie sie schnurren auch die Löwen, wenn sie zufrieden sind.«

Im nächsten Käfig tigerte ein Löwe hin und her. »Schau dir nur einmal seine herrliche Mähne an. Sie dient dazu, bei Kämpfen mit einem Nebenbuhler die nach dem Kopf und Hals gezielten Prankenhiebe des Gegners abzufangen. Bei den indischen Löwen ist übrigens die Mähne schwächer entwikkelt als bei den afrikanischen.«

»Haben alle Löwen dieses gelbbraune Fell?« fragte Dick.

»Ja. Es ist der natürlichen Umgebung des Löwen farblich angepaßt. Wenn er bei Tag auf Jagd geht, hilft ihm diese Tarnfarbe, sich an die Beute heranzupirschen, ohne gesehen zu werden. Doch meistens dösen Löwen tagsüber an einem behaglichen Plätzchen vor sich hin. Erst bei Dunkelheit werden sie richtig munter und machen Jagd auf Gnus, Zebras oder Gazellen.«

»Sind Löwen nicht gefährlich?« wollte Dick wissen.

»Das kommt darauf an«, erwiderte Onkel Harry. »Frei lebende Löwen greifen normalerweise nur ihre Beutetiere an und weichen Menschen, sofern sie sich nicht von ihnen bedroht fühlen, lieber aus.«

In einem anderen Käfig entdeckte Dick einen großen Tiger. Den mußten sie sich natürlich auch noch anschauen.

Der Tiger hatte zwar keine Mähne wie der Löwe, weswegen er etwas kleiner wirkte, doch der Körperbau verriet einiges von der Kraft, die in ihm stecken mußte.

»Auch die typische rotbraune Färbung des Tigers und die dunkle Streifenzeichnung des Felles dienen der Tarnung im Dschungel«, erklärte Onkel Harry.

»Und ich hätte beinahe gedacht, daß diese auffällige Färbung ihn eher verrät«, bekannte Dick.

»Das stimmt aber nicht. In den Dschungelwäldern Asiens, wo die Tiger beheimatet sind, herrscht ein ständiger Wechsel von grellem Licht und dunklen Schatten. Dadurch hebt sich der Tiger kaum von seiner Umgebung ab und ist nur sehr schwer auszumachen.«

»Also wieder einer jener klugen Einfälle der Natur«, stellte Dick fest und seufzte dann. »Ich wünschte, es wäre noch nicht an der Zeit, heimzugehen, Onkel Harry. Im Zoo gibt es noch so viele Tiere, die ich nicht kenne und die ich auch noch gern gesehen hätte.«

»Das macht doch nichts«, sagte Onkel Harry, »denn wir werden bestimmt wiederkommen. Und dann schauen wir uns auch noch die Büffel, Giraffen, Nilpferde, Bären, Krokodile, Schlangen und all die vielen anderen interessanten Tiere an.«

Leider war nun dieser aufregende Zoobesuch zu Ende, und Dick und Onkel Harry mußten zur Bushaltestelle.

Einer der roten Doppeldecker brachte sie nach Hause.

Und wißt ihr, was Dick in der Nacht träumte?

Er träumte, daß er mit einem Schiff über den Ozean fuhr. Und das Schiff hatte die Gestalt eines

Kamels. Plötzlich verwandelte es sich in einen Seebären und tauchte ab. Als es wieder an die Oberfläche kam, war es ein Schlitten, der von Rentieren gezogen wurde, und Dick saß neben dem Weihnachtsmann.

Sie flogen hinauf in den Himmel und landeten nach langer Zeit wieder auf der Erde.

»Hier sind wir. Alles aussteigen«, sagte der Weihnachtsmann.

Dick tat, wie ihm geheißen. Und dann überfiel ihn plötzlich die Angst.

»Mein Koffer mit all meinen Kleidern fehlt ja«, schrie Dick, der dachte, er müsse für immer beim Weihnachtsmann bleiben.

Doch da tauchte plötzlich ein riesiger grauer Elefant auf, der mit seinem Rüssel einen Koffer trug.

»Sagtest du Koffer?« fragte der Elefant. »Du kannst meinen haben. Und auch alle meine Kleider.«

Als Dick sich den Koffer des Elefanten näher ansah, entdeckte er, daß dieser ganz genauso aussah wie sein eigener zu Hause. Da mußte Dick so sehr lachen, daß er aus seinem Traum aufwachte. »Das war vielleicht ein ulkiger Traum von den Zoobewohnern«, murmelte er vor sich hin.

Und damit hatte er nicht ganz unrecht, nicht wahr?

Kinder lieben Enid Blyton.

Weitere Serien von Enid Blyton:

5-Freunde-Serie

Band 1: 5 Freunde erforschen die Schatzinsel
Band 2: 5 Freunde auf neuen Abenteuern
Band 3: 5 Freunde auf geheimnisvollen Spuren
Band 4: 5 Freunde auf Schmugglerjagd
Band 5: 5 Freunde beim Wanderzirkus
Band 6: 5 Freunde auf der Felseninsel
Band 7: 5 Freunde im Zeltlager
Band 8: 5 Freunde geraten in Schwierigkeiten
Band 9: 5 Freunde helfen ihrem Kameraden
Band 10: 5 Freunde auf großer Fahrt
Band 11: 5 Freunde als Retter in der Not
Band 12: 5 Freunde im Alten Turm
Band 13: 5 Freunde jagen die Entführer
Band 14: 5 Freunde verfolgen die Strandräuber
Band 15: 5 Freunde wittern ein Geheimnis
Band 16: 5 Freunde auf dem Leuchtturm
Band 17: 5 Freunde im Nebel
Band 18: 5 Freunde und das Burgverlies
Band 19: 5 Freunde und ein Zigeunermädchen
Band 20: 5 Freunde und der Zauberer Wu
Band 21: 5 Freunde machen eine Entdeckung

Dann gibt es noch die **Rätsel-Serie** mit 7 Bänden und **Die verwegenen Vier** mit 7 Bänden.

Schwarze-Sieben-Serie

Band 1: Die Schwarze Sieben
Band 2: Bravo, Schwarze Sieben
Band 3: Geheimpolizei Schwarze Sieben
Band 4: Schwarze Sieben auf der Fährte
Band 5: Weiter so, Schwarze Sieben
Band 6: Gute Arbeit, Schwarze Sieben
Band 7: Die Schwarze Sieben schafft es
Band 8: Hoch, die Schwarze Sieben
Band 9: Ein Geheimnis der Schwarzen Sieben
Band 10: Augen auf, Schwarze Sieben
Band 11: Die Schwarze Sieben jagt den Dieb
Band 12: Alle Achtung, Schwarze Sieben
Band 13: Aufgepaßt, Schwarze Sieben
Band 14: Die Schwarze Sieben übertrifft sich selbst
Band 15: Viel Spaß, Schwarze Sieben

C. Bertelsmann